תומי
לתומי, ליום ההולדת השלישי בטרזין, 22 בינואר 1944

כתב וצייר: בדז'יך פריטה

תרגמה מצ'כית: רות בונדי

יד ושם – רשות הזיכרון לשואה ולגבורה
ירושלים 1999
מהדורה שנייה 2001
מהדורה שלישית 2010

Tommy
To Tommy, For His Third Birthday in Terezin, 22 January 1944

Written and Illustrated by Bedřich Fritta

Translated from the Czech into Hebrew by Ruth Bondy
Translated from the Czech into English by Eva Tolkovsky, Susan Kaplansky

Yad Vashem, the Holocaust Martyrs' and Heroes' Remembrance Authority
Jerusalem 1999
Second edition 2001
Third edition 2010

I was born in Israel in the twilight of that innocent age when the word "Sabra" was still a source of inspiration, of heartfelt pride. The early years of my education were in a remote desert community filled with small-town intimacy. The word Holocaust was uttered on Remembrance Day with reverent awe during solemn ceremonies and municipal gatherings attended by a few remaining survivors. Six million. Fear. Gestapo. Cremation. Guilt. Loss. Orphans. Death. Survival. Harsh words, incomprehensible to the ears of a small child living a comfortable life under free skies. Even when I grew up and made my way in search of the right questions, the Holocaust remained locked away, shrouded in its hallowed entirety in mourning and lamentation. Then, as if by a small miracle, this children's book crossed my path. A picture book drawn in the Terezin ghetto for a boy, a son, by his father, as he stood on the threshold of death. Pictures of you drawn by your father. Simple drawings, filled with humor, depicting the daily life of a three-year-old child in a normal world. Color sketches on crude paper, whose light, hope, faith and love, reflect and are reflected in each line and stroke. Here was the essence of a man who chose life, even as his feet sank further and further into the Valley of the Shadow of Death. A man who chose hope and faith and love, and the beauty of each fleeting moment. Who chose life until the end. And herein lies the charge - the message of a man-number who refused to allow the digits seared into his flesh to erase his identity, but rather used them to illuminate the beauty and the wonder within. His light, which shines from these pages, reveals a new and different way of understanding. I feel deeply privileged to have been touched by the light of this work and grateful for the wisdom within it.

Eyal Kaplansky
Jerusalem 1999

After all that I have experienced, there is nothing left to add. As I reflect on the course of my life, words are insignificant, as they dissolve and vanish into a mist of forgetfulness. Only love survives, love that pulses with life and grows stronger. This is the love that emanates from the pages of this book and reaches out to touch us. Love entwined with hope and fear, love that accompanies us throughout our lives. I journey through life with this book, showing its pictures to the people I meet, just as I showed them to my children. I show the pictures in order to pass on the message that I myself received, in order to tell each person living on this earth that love and hope exist. And as do dreams and light even in the darkest gloom. This book of pictures is intended not only for children, but also for us adults. Long ago we parted from the world of childhood. We have distanced ourselves and forgotten its beauty. We have forgotten its warmth and innocence, abandoning the kingdom of imagination. Perhaps this neglect brought about the abyss which separates us, a chasm so great that it cannot be bridged.
I am no longer Tommy, the boy from the book. I ceased to be him long ago. I have also grown and matured, and, as is the custom of adults, forgotten much and drawn further away. But buried deep in my heart I have preserved the memory of Tommy the boy, with a narrow path leading towards him. To my good fortune the clown has remained within me, sometimes laughing, sometimes crying, but mostly joyful of this world and the people in it.
I am grateful to have been granted life, life that others did not receive.
I am grateful to God and to the people who stood beside me.
I am thankful to the dearest person in my life - my wife Vera, of blessed memory. And to my children, David, Danny, Ronni and Michal.
Warm thanks to my friends Eyal and Susan, who helped me to publish this book in Hebrew, in Israel.
Many thanks to Marcel, to Eli, to Shibli, to Avi and to his wonderful family. To Eva and Zvi.
I am grateful to my parents, Bedudu and Hensi, for while I cannot remember knowing them, I sense them smiling at me from between the pages of this book.
A special thanks to my adopted father, Leo Haas, who saved these pages from destruction.

Thomas Fritta Haas
Jerusalem 1999

נולדתי בארץ, בשנות השישים, בשלהי התקופה הנאיווית של המדינה, כשהמושג "צבר" עדיין היה מקור לגאווה.
את ראשית חינוכי והשכלתי קיבלתי בעיר מדבר קטנה ומרוחקת, באווירה אינטימית מקומית. המילה "שואה" נזכרה בדחילו ורחימו ביום הזיכרון, בשעות מחנך, בטקסי בית־הספר ובעצרת העירונית בהשתתפות שרידי ניצולי שואה וקטעי קריאה ונגינה.
שישה מיליון, פחד, גסטפו, גטו, משרפות, אשמה יתמות, נספים, ניצולים – מילים קשות באוזני ילד קטן שחי בנעימים תחת שמים חופשיים. גם כשבגרתי ויצאתי אל העולם לחפש את השאלות הנכונות נשארה השואה על מאורעותיה נעולה בקופסה שחורה שכולה שכול, כאב, וייאוש. ואז, באורח פלא, במקרה, התגלגל לידי הספר "תומי", ספר הציורים שצייר לך אביך בגטו טרזין, בדרכו אל המוות.
והציורים – רישומים חפוזים, מלאי הומור, המתארים את חיי היום־יום של ילד בן 3 בעולם נכון.
ציורים – רישומים בצבע, על נייר פשוט, בגטו טרזין – האור והתקווה והאמונה והאהבה נשקפים ומשתקפים בכל קו וכתם.
וזה מותר האדם – לבחור באור, גם כשרגליו מבוססות בגיא צלמוות. לבחור בתקווה, באמונה, באהבה, ביופי שבכל רגע ורגע, לבחור בחיים.
וזהו הצו – המסר של אדם־מספר, שהספרות החרוטות על זרועו לא עשוהו עבד, אלא האירו דווקא את היפה והמופלא שבו, ואורו, הבוקע מתוך הספר, מגלה דרך התבוננות חדשה, אחרת.
אני מודה על הזכות שנפלה בחלקי לראות אור באמצעות הציורים וההבנה הטמונה בהם.

אייל קפלנסקי
ירושלים 1999

אחרי כל מה שעברתי וחוויתי בדרכי חיי אין להוסיף או לומר מאום, כי המילים מתאדות, נמוגות כאד ונופלות אלי שכחה.
רק האהבה נשארת, שורדת, מוסיפה ופועמת – זו האהבה העולה מבין דפי הספר, אהבה מהולה בחרדה ובתקווה, האהבה המלווה אותנו לאורך חיינו.
אני מתהלך עם הספר ומראה את ציוריו לאנשים – בדיוק כפי שהראיתיו לילדי, כדי למסור את המסר שקיבלתי אני, כדי שיספר לכל באי עולם את אשר סיפר לי – יש אהבה ותקווה וחלום ואור גם באפלה החשוכה ביותר.
הספר הזה אינו מיועד רק לילדים, אלא גם לנו, למבוגרים. אנחנו המבוגרים נפרדנו מזמן מעולם הילדות, התרחקנו ושכחנו את יופיו, שכחנו את החום והטוהר, זנחנו את ממלכת הדמיון, ואולי משום כך פעורה תהום בינינו ובין הילדים, תהום עמוקה כל־כך, בלתי ניתנת לגישור.
ואני אינני תומי, הילד מן הספר. מזמן פסקתי להיות.
גם אני גדלתי ובגרתי – וכמנהגם של המבוגרים שכחתי הרבה, רחקתי הרבה, אך עמוק בלבי טמון הזיכרון ונשאר מקום לתומי הילד ושביל צר מוליך אליו. למזלי ולשמחתי נשאר בי הליצן אשר לעתים צוחק ולעתים בוכה, אך בעיקר אוהב את העולם ואוהב את האנשים.
אני אסיר תודה שזכיתי בחיים –חיים שאחרים לא קיבלו.
אני אסיר תודה לאלוהים ולאנשים שעמדו לצדי.
אני מודה לאדם היקר ביותר שפגשתי בעולמי – אשתי ורה ז"ל ולילדי: דוד, דני, רוני ומיכל.
תודות חמות לחברי אייל וסוזן שאפשרו לי להוציא את הספר בעברית, בישראל.
תודות רבות למרסל, לאלי, לשיבלי, לאבי ולמשפחתו הנהדרת, לצבי ולאווה.
אני מודה להורי בדודו והנסי, שאותם לא הכרתי, אך אני חש אותם בין דפי הספר, מחייכים באהבתם.
ותודה גדולה לאבי המאמץ, לאו הס, שהציל את הדפים האלה מכליה.

תומס פריטה־הס
ירושלים 1999

Bedřich Fritta, a painter, illustrator, and cartoonist was born in the Czech lands in 1906. He was deported to Terezin in November 1941, where he was appointed manager of the ghetto's technical department. The department had an art workshop with 15 artists that was maintained by the Germans in order to disseminate the propaganda myth that Terezin was a "model ghetto". However, clandestinely, the artists drew the terrible reality of the ghetto. Some of these drawings were hidden in the ghetto and found after the war, while others were smuggled out. When the Germans discovered this activity, they arrested the artists and imprisoned them. Fritta, his wife Hensi and three-year-old Tommy were among the prisoners. Hensi died in prison, Fritta perished in Auschwitz, and Tommy was adopted by Fritta's friend Leo Haas and his wife. The album was hidden in a prison wall and recovered by Leo Haas after the war.

בדז'יך פריטה, צייר, מאייר וקריקטוריסט, נולד ברפובליקה הצ'כית ב-1906. בנובמבר 1941 הגיע לגטו טרזין ונתמנה למנהל המחלקה הטכנית.

המחלקה כללה סדנת ציור שמנתה 15 אמנים, ונתמכה בידי הגרמנים שהסתייעו באמנים להפצת התעמולה השקרית על "הגטו לדוגמה". ואולם בהחבא, בעזרת חומרים שלקחו מן הסדנה, ציירו האמנים את המציאות האיומה. מקצת היצירות הללו הוחבאו בידי האמנים עצמם ונמצאו לאחר המלחמה, ומקצתן הוברחו מן הגטו.

משנודע הדבר לגרמנים כלאו את האמנים ב"מבצר הקטן" בגטו. בכללם היו פריטה, אשתו הנזי ובנם תומי בן השלוש. הנזי נפטרה בכלא, פריטה נשלח לאושוויץ ונספה שם, ובנו תומי אומץ לבן בידי ידידו הצייר לאו הס ואשתו. האלבום נתגלה בידי הס אחרי המלחמה בין היצירות שהוחבאו בגטו.

to tommy! | ‎!לתומי

TOMÍČKOVI!

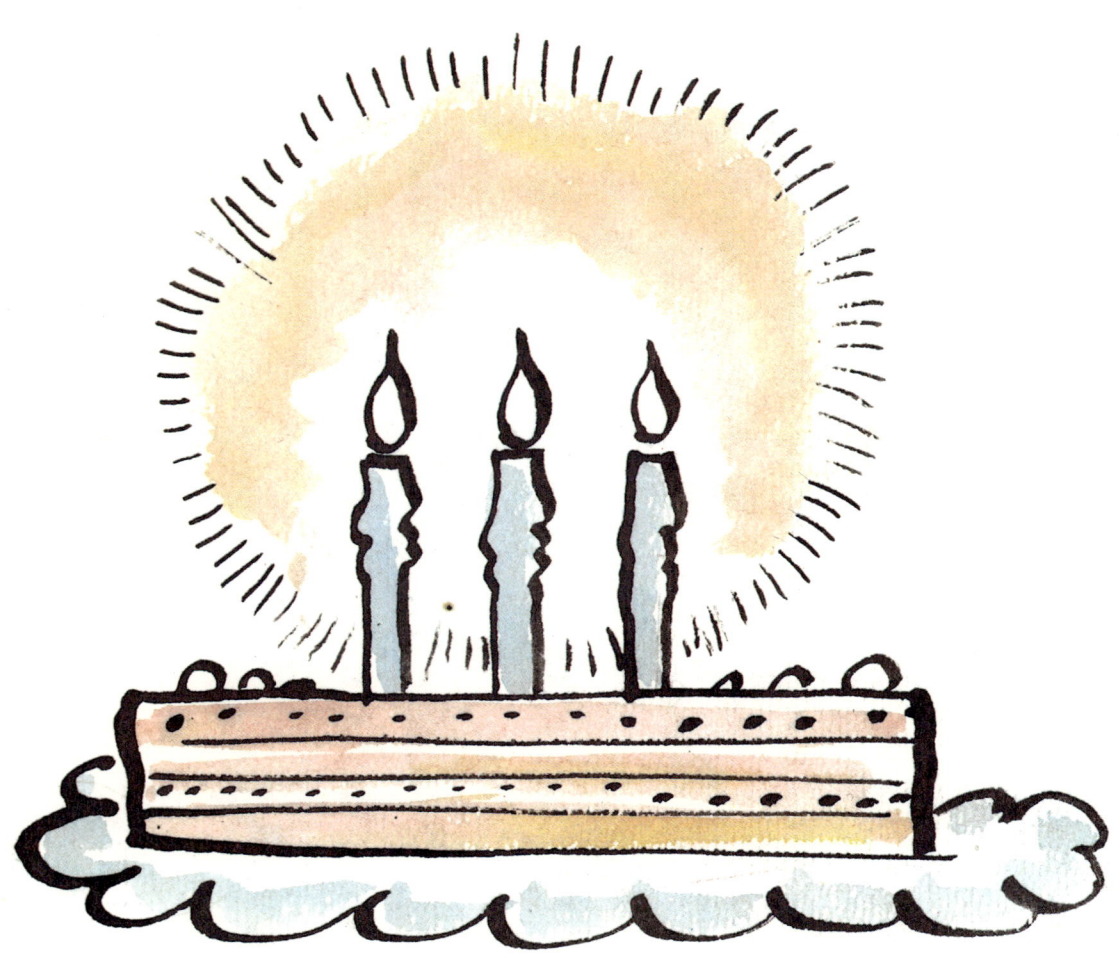

to tommy on his third birthday in terezin - 22.1.1944 | לתומי ליום הולדתו השלישי בטרזין – 22.1.1944

Tomíčkovi

K JEHO 3. NAROZENINÁM V TEREZÍNĚ – 22. I. 1944 !

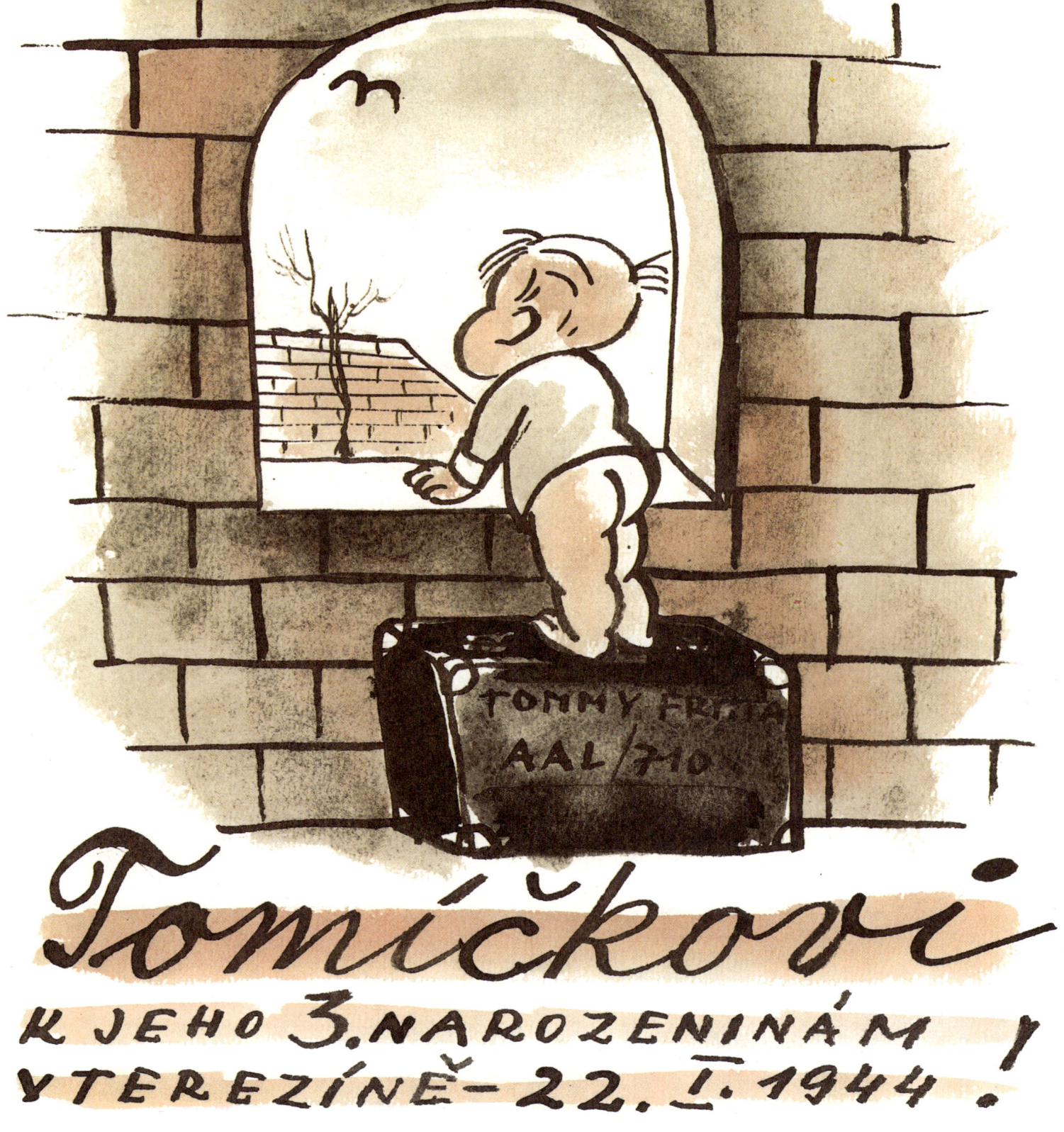

tommy's sleepy | תומי נומה־נום

TOMMY HAJÁ!

pee pee.... | ....פיפי

PIPEPÉÉ....

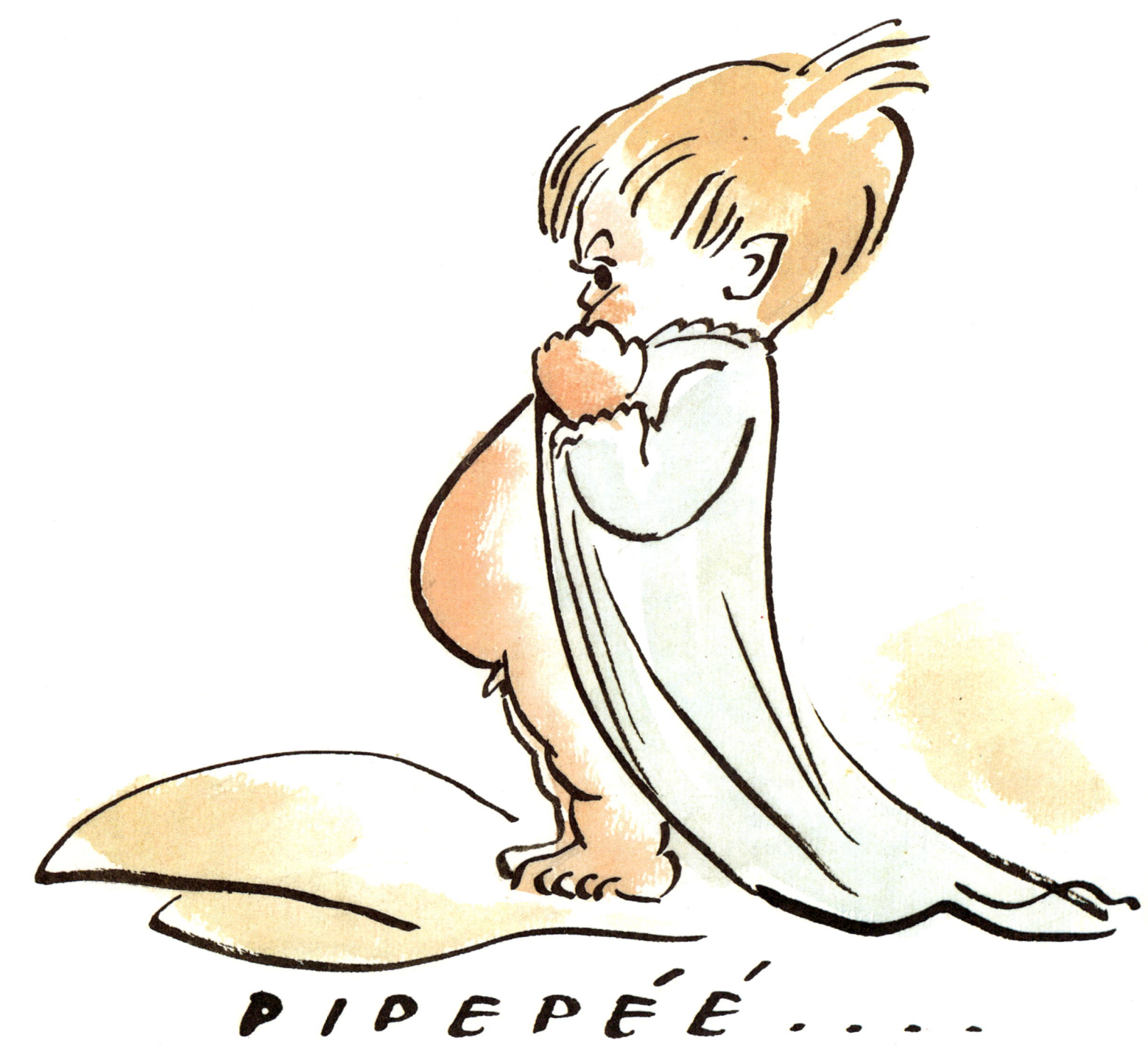

a good boy - no spanky spanky | ילד טוב – לא נו נו

HODNÉÉJ-

BAKI-BAKI-NÉÉ

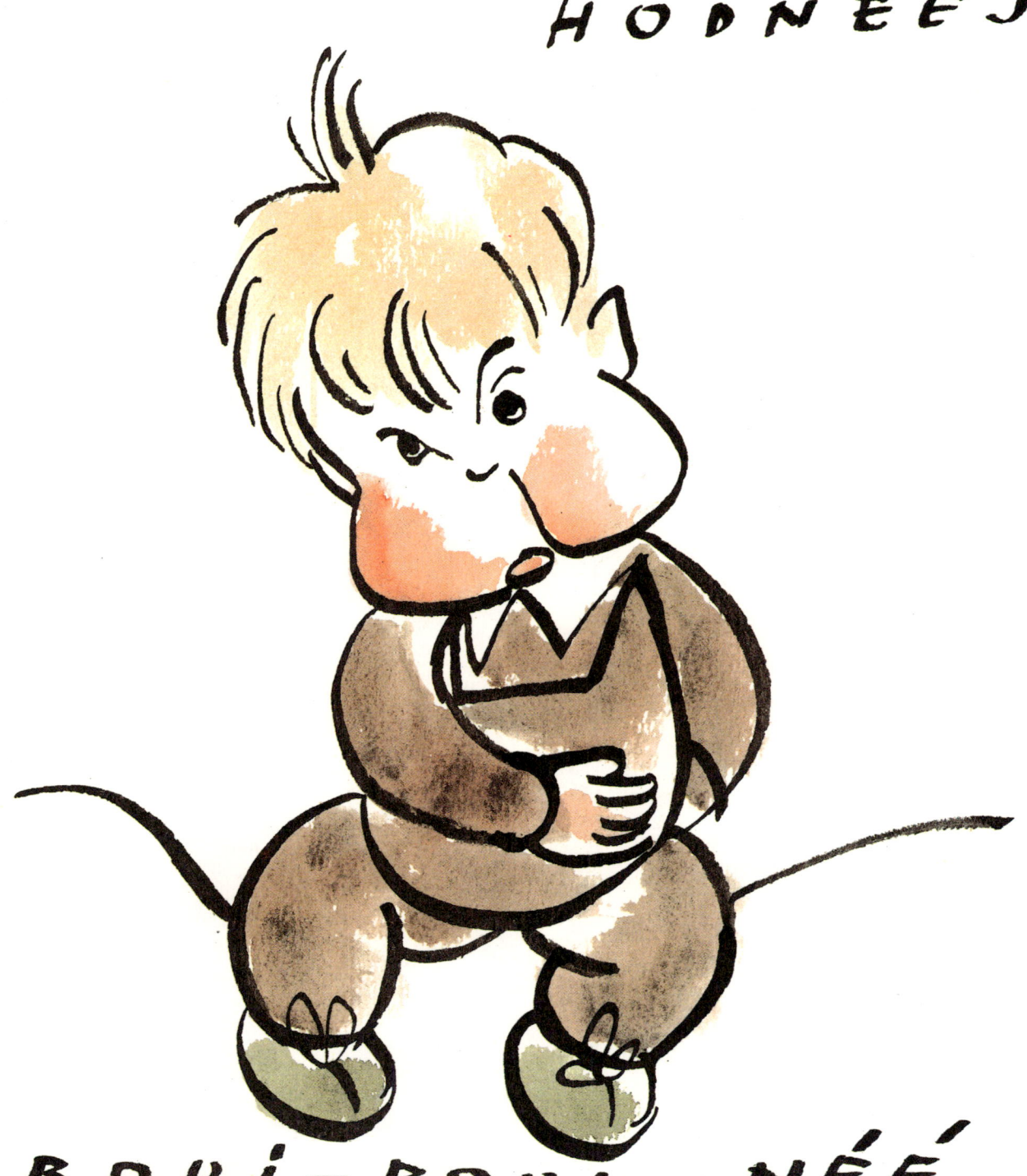

tommy fooood! | !תומי המי־חַם

TOMMY PAPÚÚÚÚ!

tommy more! more! | ‏תומי עוד! לא די!‏

TOMMY ENE!
MÁLO!

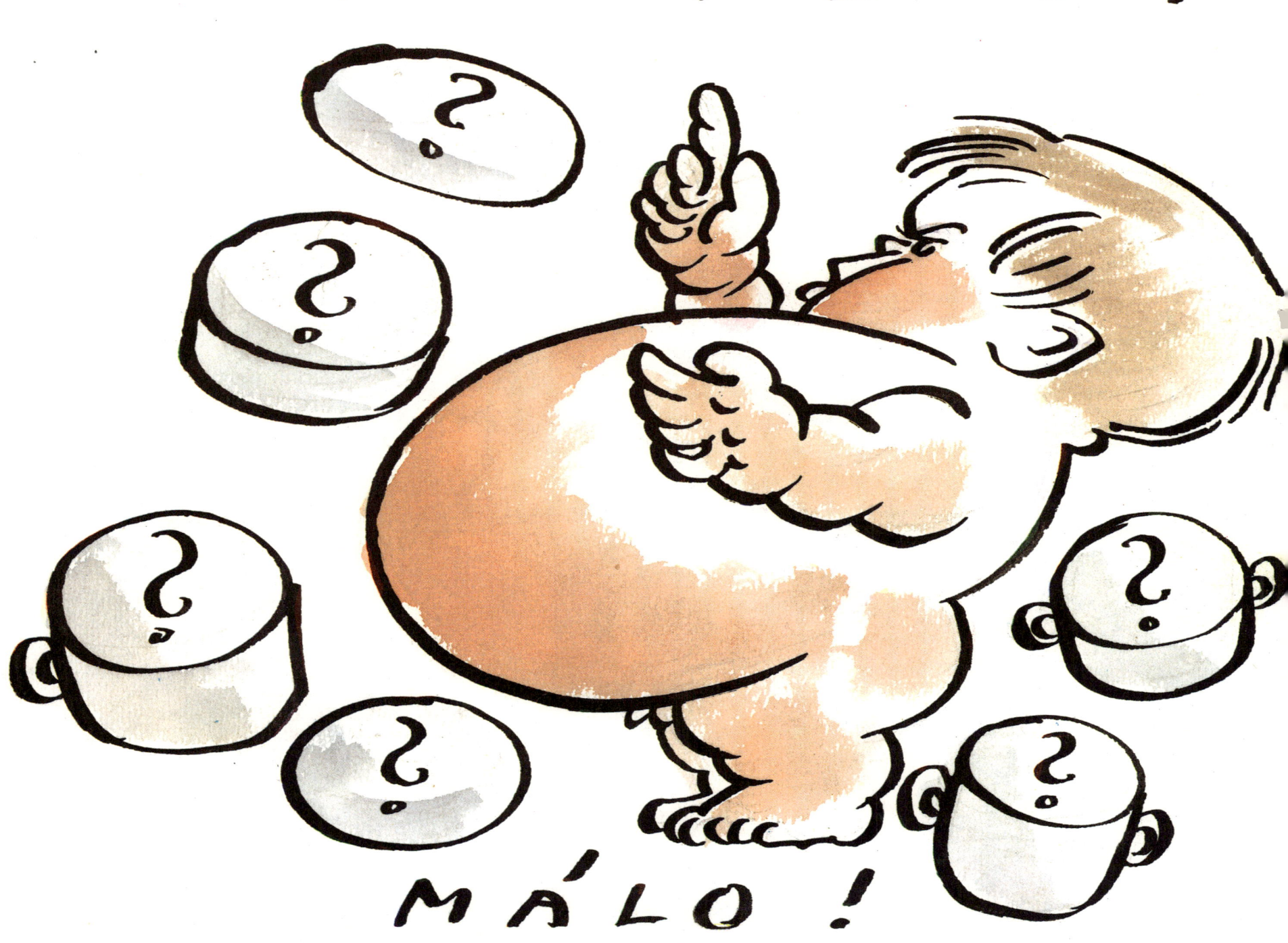

jester! | ליצן!

KOMEDIANTE!

tommy makes pee pee here! | ‎תומי עושה פיפי כאן!‎

TOMMY LULU TÁM!

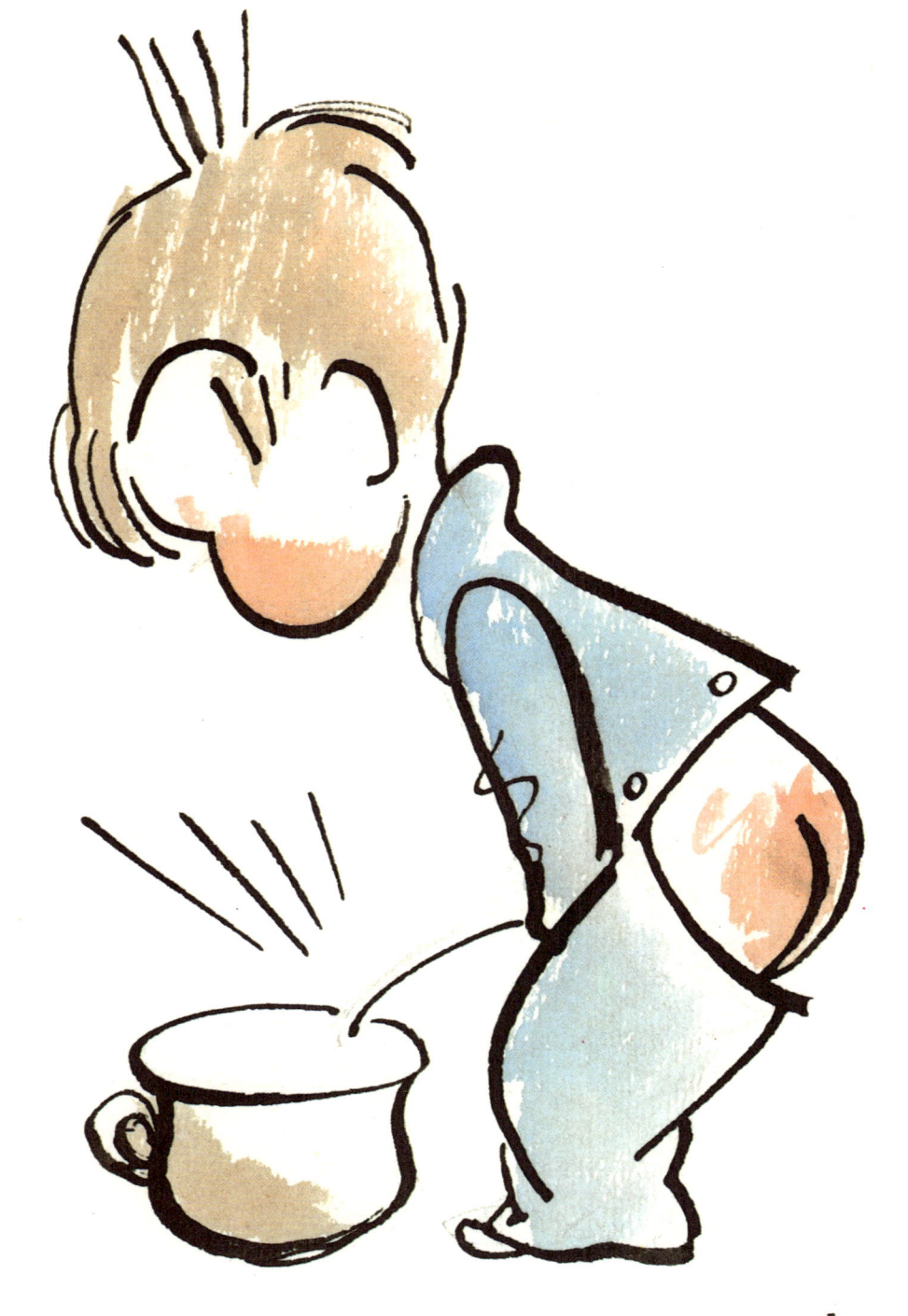

tommy draws | תומי מצייר

TOMMY MALUJE

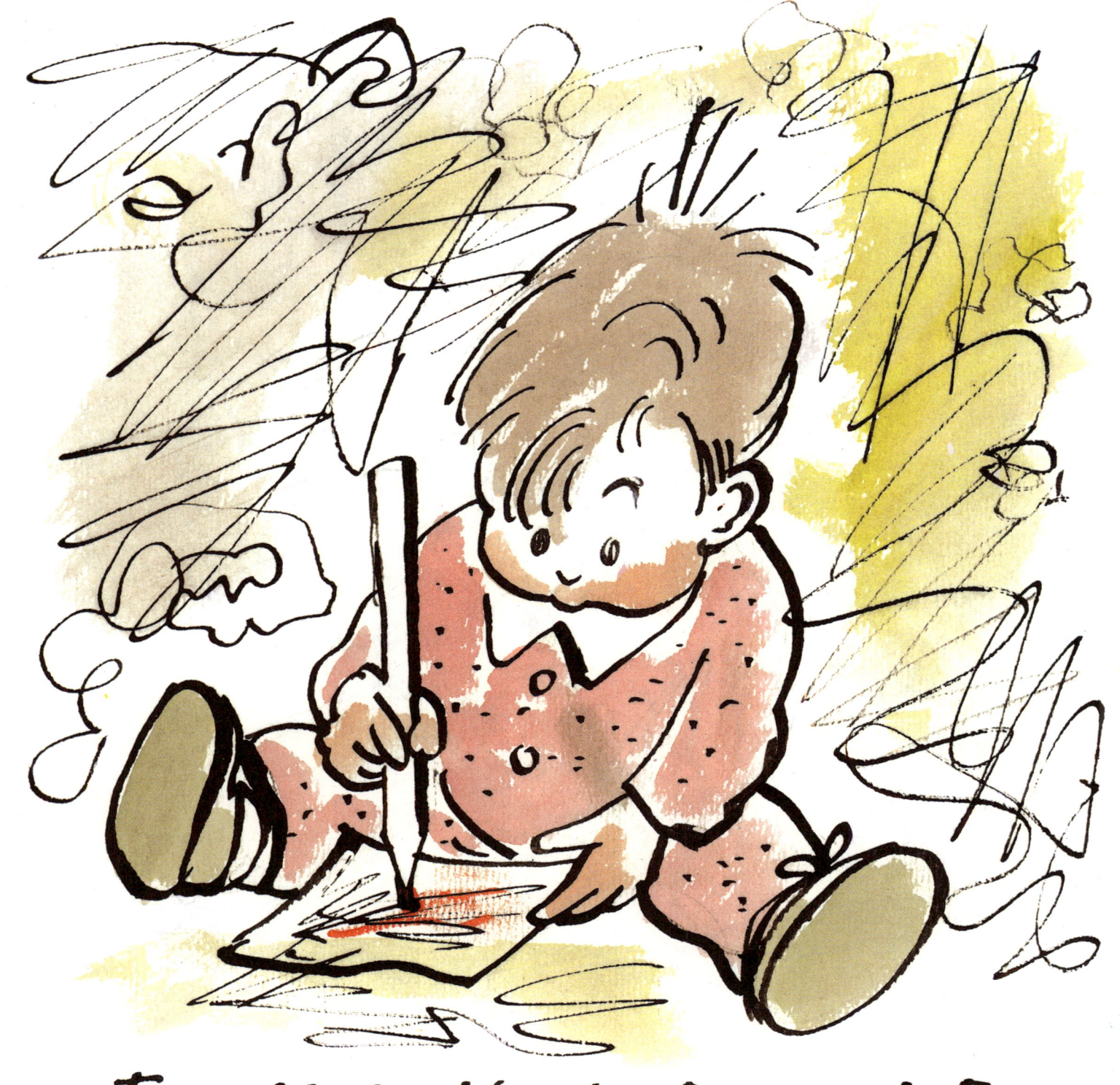

auntie!! my pacifier!! | דודל'ה!! מוצצי!!

DUDLE!! AJTÁÁÁ!!

big tommy, little tommy | תומי גדול, תומי קטן

VELKÝ MALÝ
TOMMY

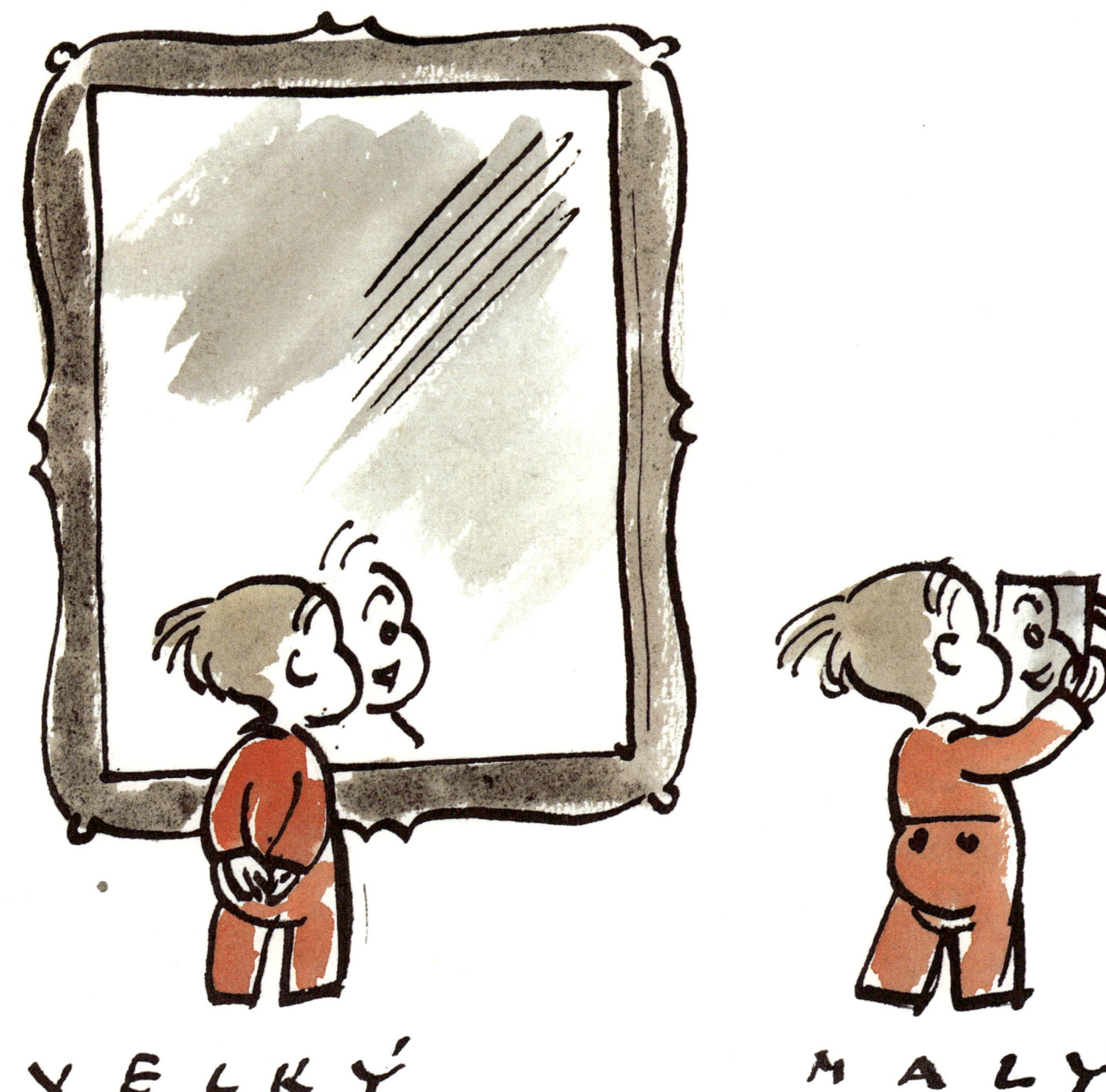

snow! | ‏שלג!‏

NÍCH!

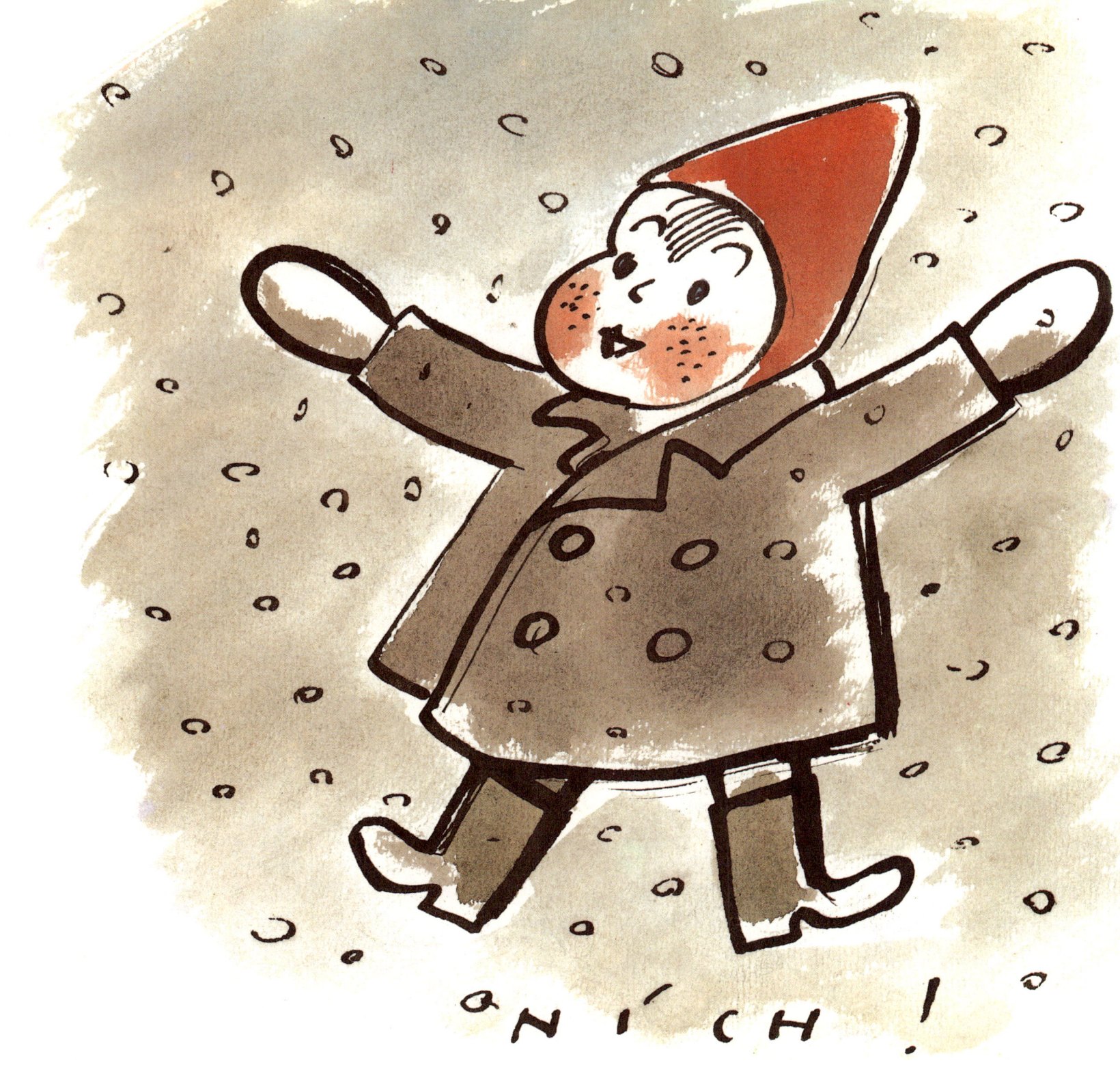

soup - tea - coffee warmmm! | ‎מרק - תה - קפה חמממם!

POJÍKA - TÁJ - KAFE
HÓÓÓKÝ !

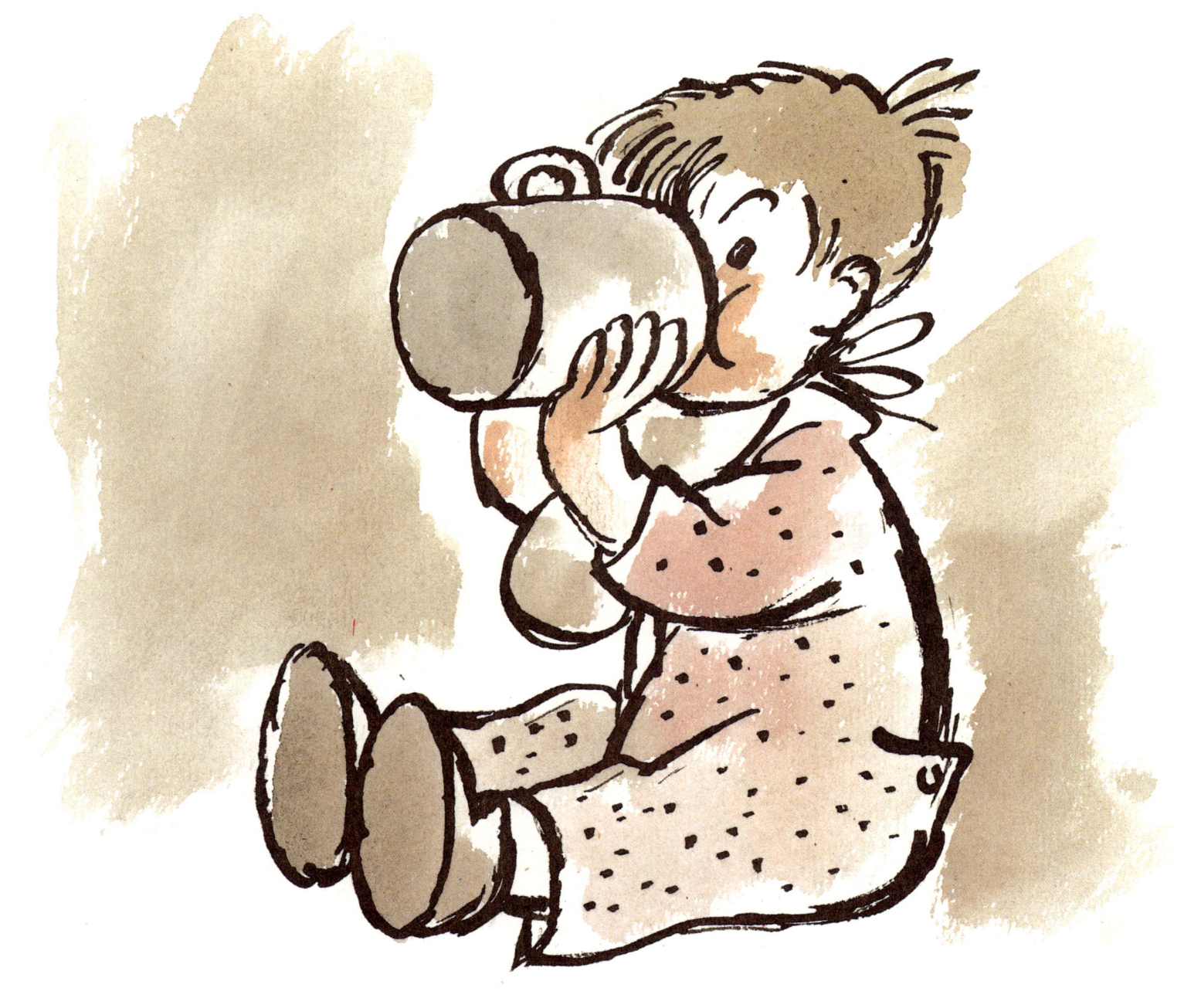

tommy sweeps | תומי מטאטא

TOMMY UMETÁ!

tommy owww! | !תומי כואאאב

TOMMY BEBÉÉÉ !

by the table!! | לשולחן!!

UTOLÚ !!

chocopoopoo | שוקוקאקי

MAMELAKAKAKAKA

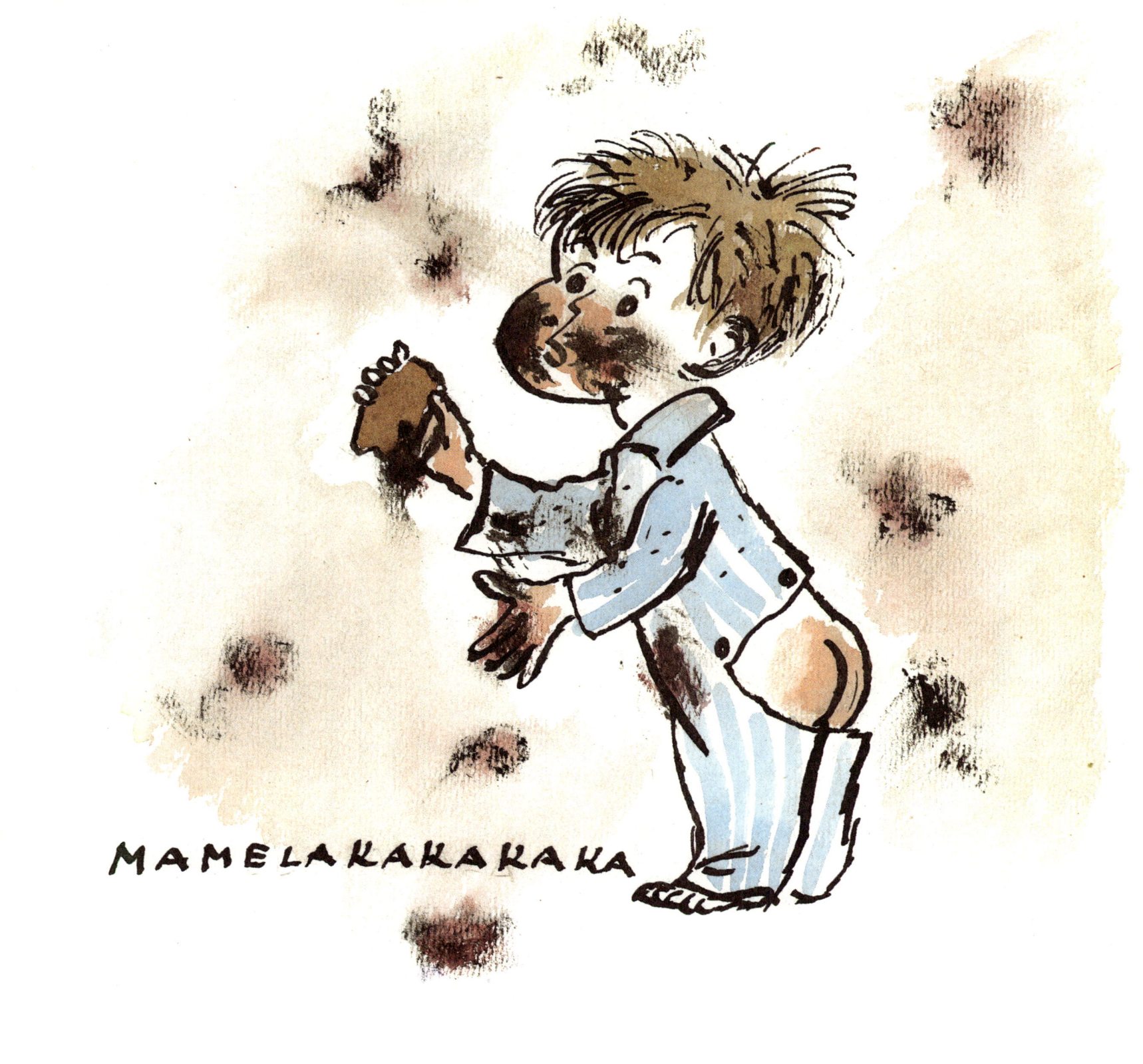

clown! | !מוקיון

ŠAŠKU!

a parcel - a parcel!! | ‏חבילה - חבילה!!‏

BALÍK – BALÍK !!

tommy too! | ‎תומי גם!‎

TOMMY TAKY!

tommy prays | תומי מתפלל

TOMMY MODLÍ

mommy - daddy are cross! | !אבא – אמא כועסים

TÁTA-MÁMA HUBEJE!

uncle | דוד

ONKI

dumplings, pudding, potatoes, meat, water, cream | פודינג, כופתאות, תפוחי אדמה, בשר, קרם, מים

KEDLÍKEK

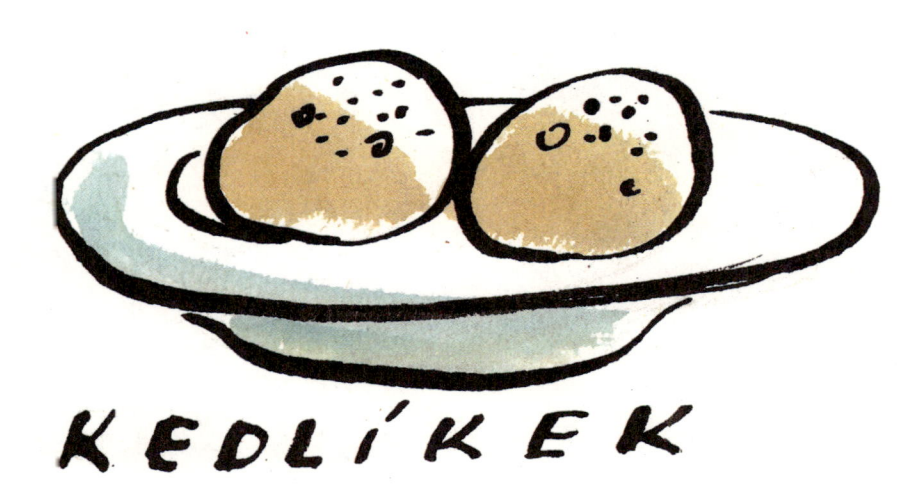

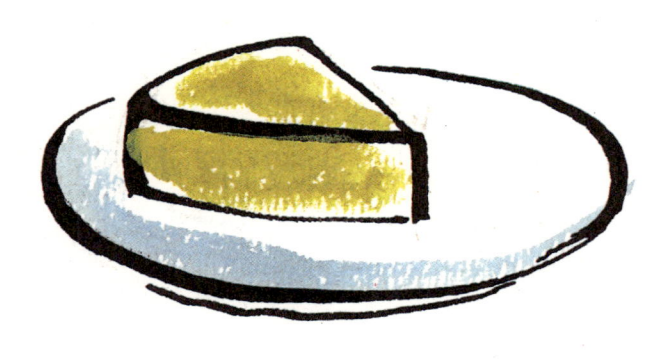

PUDINK

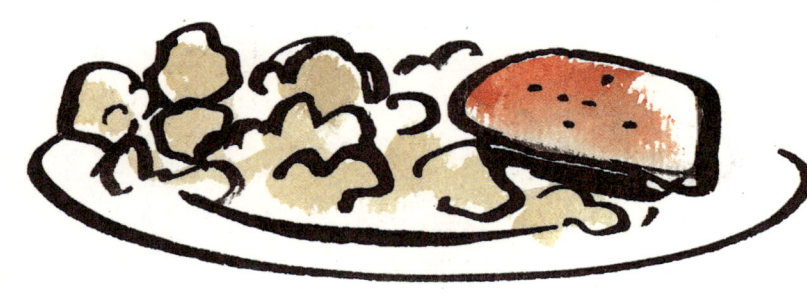

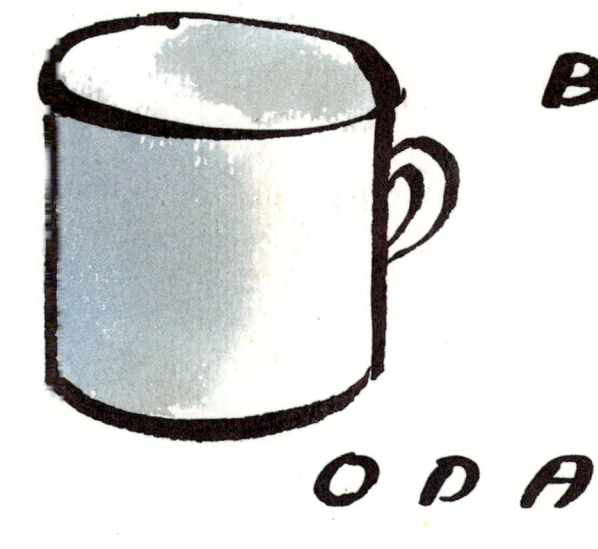

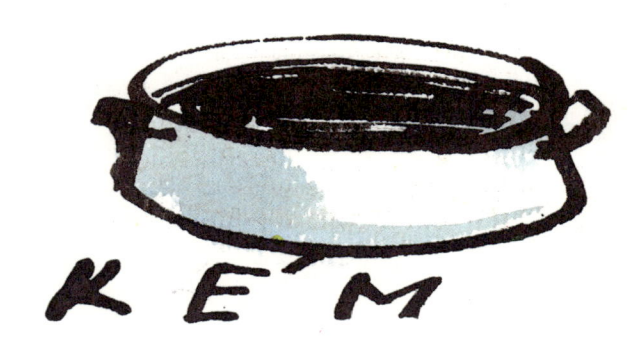

BAMBUNKY MAKO

ODA

KÉM

cow - moo, chirpchirp, bowwow, baah! | ציפציפ, פרה – מוּ, מֶה, האו האו!

KRÁVIKA — MÚ

PÍP

HAF HAF

BÉÉÉ!

cup, eye, glasses, spoon, bowl | עין, ספל, כף, משקפיים, צלחת

HYNEKEK

OKO

BÝLE

ÍKA

TAJÍK

auto - toot toot | אוטו – טו טו

AUTO-TUTÚ

white, blue, red, green - light | כחול, לבן, ירוק, אדום – אור

BÍLÝ MODRÝ

ČERVENÝ ZELENÝ

EKO

my mommy, daddy bedudu! | אבא בדודו, אמאל'ה שלי!

MOJE MAMINKA

TÁTA BEDUDU!

moon sleeps - blanket - pillow | ירח נום נום - שמיכה - כרית

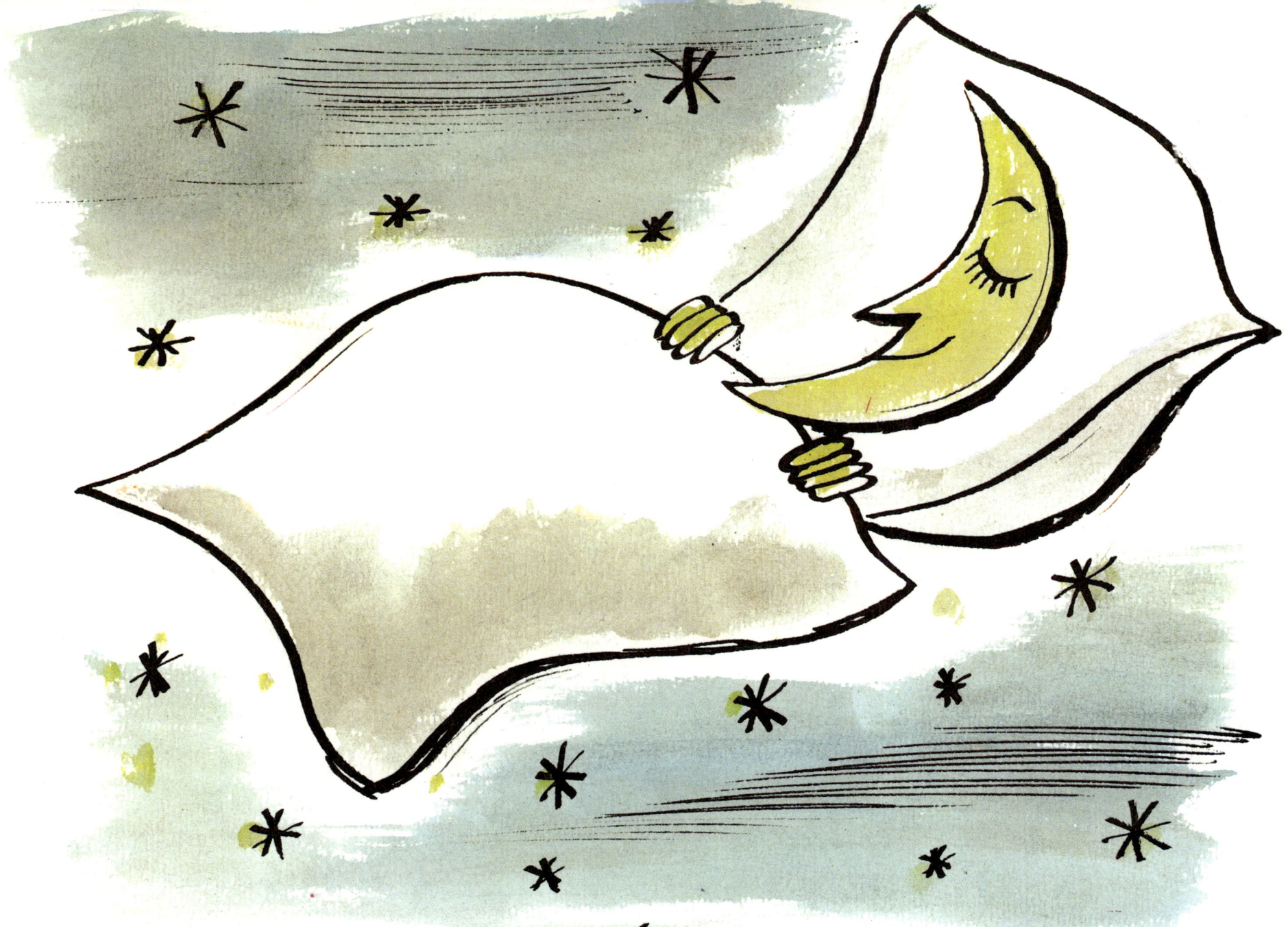

MEMÍKEK HAJÁ - DEKOU - POLKAT

the sun says a-ah | השמש עושה אָ־אָ

SLUNÍČKO
DELA A-A

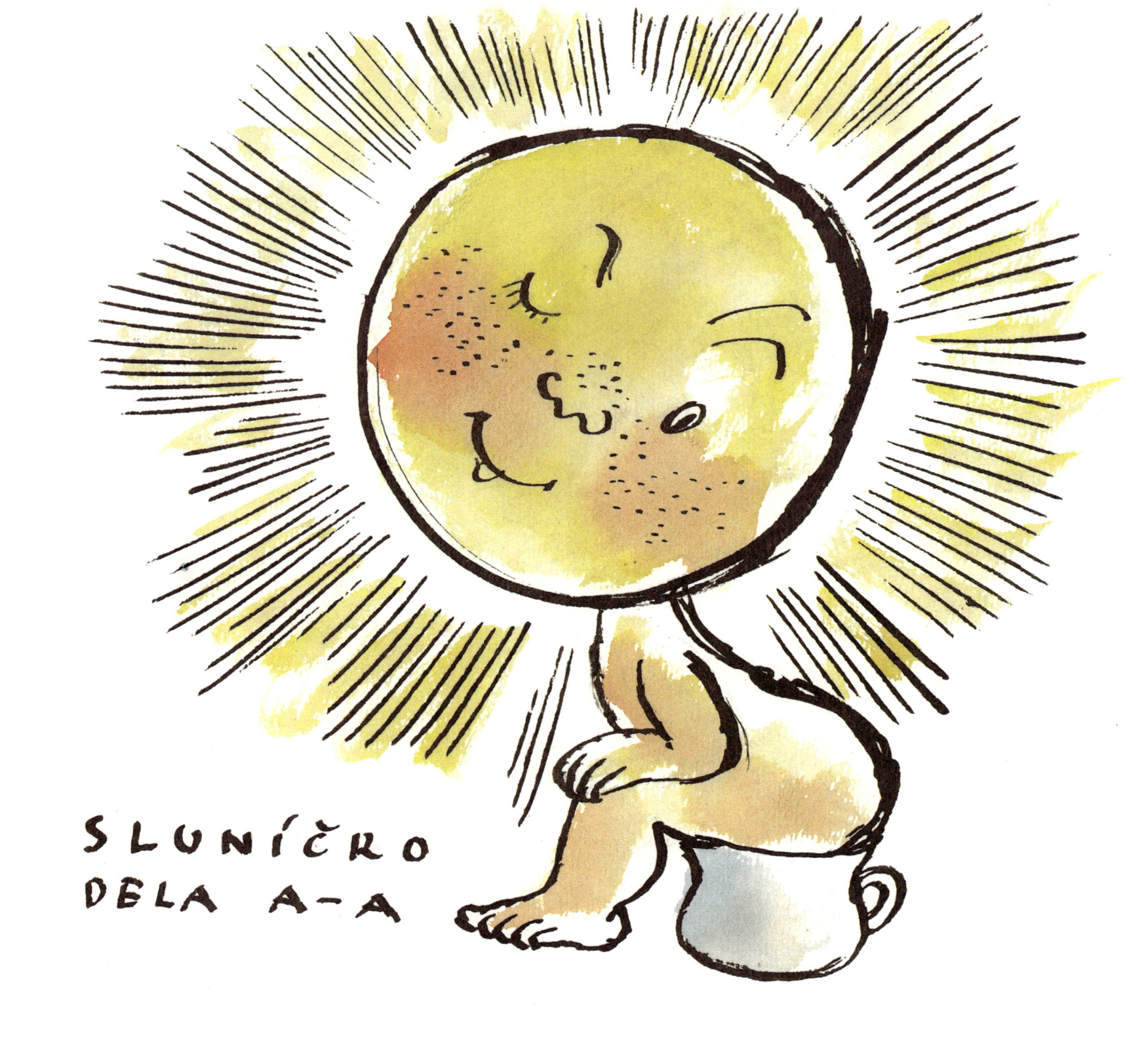

bim, bim, bim - our train is on its way... | בים, בים, בים - הרכבת שלנו נוסעת...

BIM, BIM, BIM
NÁŠ VLAK JEDE...

we're off on our travels - somewhere cold or somewhere warm? | אנחנו נוסעים – למקום חם או קר?

JDEM NA CESTY —

KDE JE IMA NEBO HOKÓ?

here – or there? | ?לפה – או לשם

NEBO SEM — ČI TAM?

or would you rather travel like this? | או שאתה רוצה לנסוע כך?

Nebo chceš cestovat tak?

or would you prefer to go by plane? | ?או יותר טוב במטוס

NEBO RADŠÍ LETADLEM?

or "only" as far as mechenece? | או "רק" למייכניצה?

NEBO „JEN" DO MĚCHENIC?

we wonder who your bride will be! | אנחנו סקרנים מי תהיה הכלה שלך!

JSME ZVĚDAVÍ NA TVOU NEVĚSTU!

this is not a fairy tale - it's real! | ‎זאת לא אגדה - זאת אמת!

TO NENÍ POHÁDKA – TO JE PRAVDA!

this too is not a fairy tale! | !וגם זאת לא אגדה

I TO NENÍ — POHÁDKA!

and when we get somewhere - somewhere in the world | וכשנגיע לאיזשהו מקום – איזשהו מקום בעולם

A AŽ NĚKAM PŘÍJDEM – NĚKAM NA SVĚTĚ –

then I'll buy music for you, too | גם מוסיקה אקנה לך

TAK MUJIKU TI TAKÉ KOUPÍM

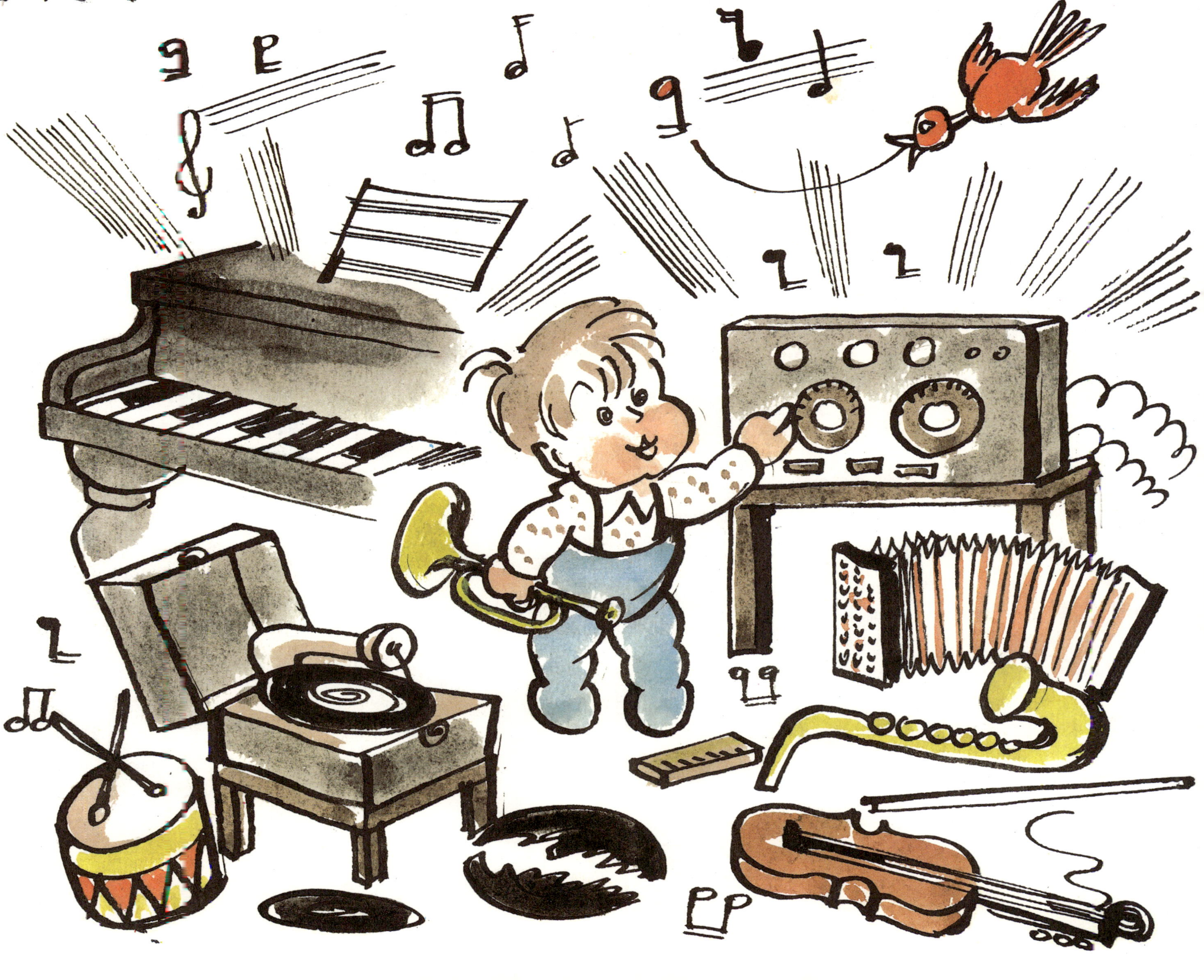

and what would you like to be? an engineer? | ומה היית רוצה להיות? מהנדס?

A — ČÍM BYS CHTĚL BÝT?

INŽENÝREM?

or a famous detective? | ?או בלש מפורסם

Neb velkým detektivem?

or a boxer? | ‏או מתאגרף?

NEBO BOXEREM?

or a painter? | ‏או צייר?‏

A NEB MALÍŘEM?

but, please, just not a businessman! | ‏רק, אנא, לא איש עסקים!‏

PROSÍM TEBE, JEN
BURSA
NE KŠEFTSMANEM!

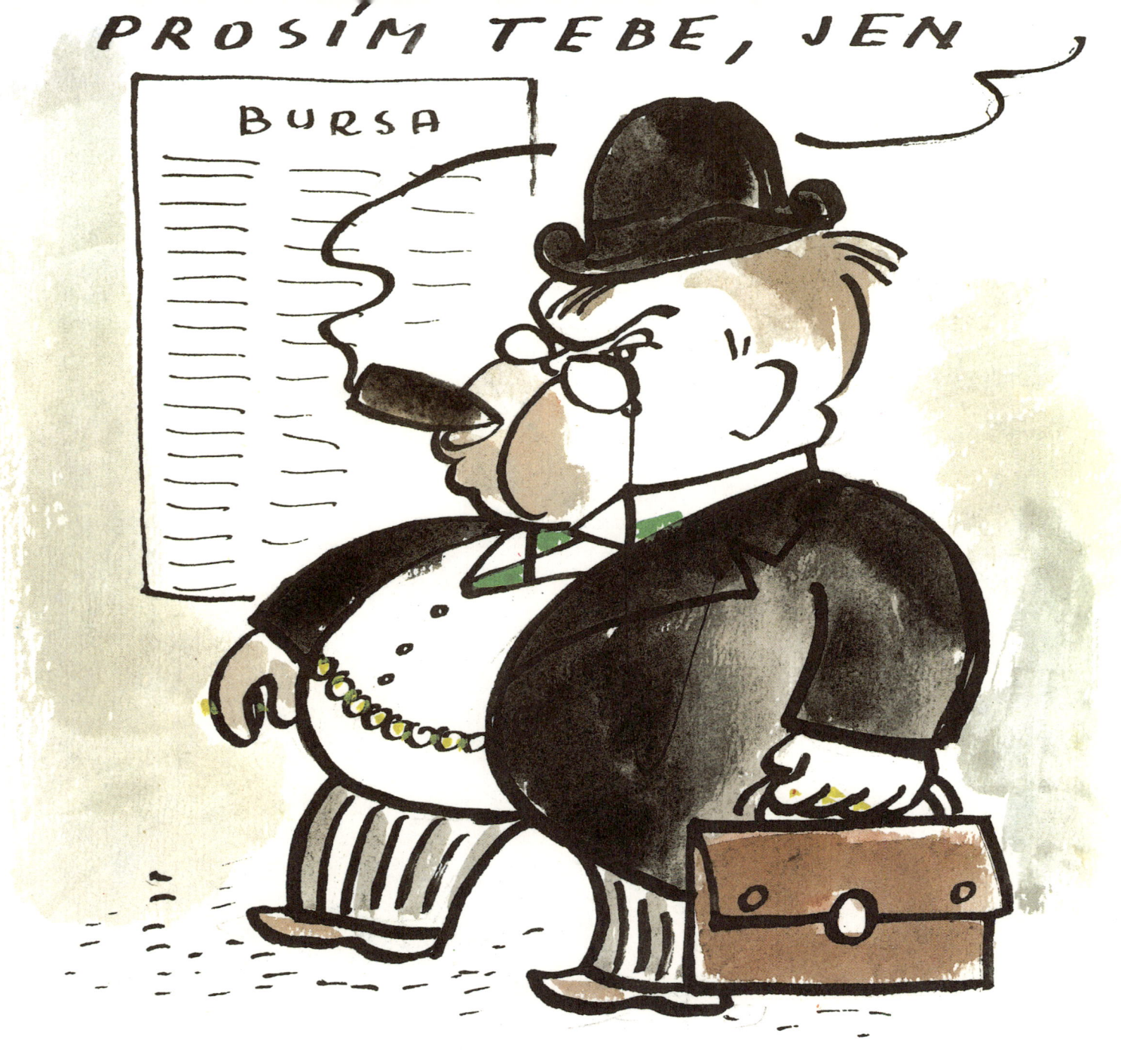

וגם לא גנרל! | and not a general!

A TAKÉ NE GENERÁLEM!

all of this and twice as much wishes you for your next birthday - bedudu | כל זה וכפליים מאחל לך ליום הולדתך הבא – בדודו

TO VŠE

A JEŠTĚ JEDNOU TOLIK TI PŘEJE
NA PŘÍŠTÍ SVÁTEČEK — BEDUDU

and for 1944 I wish you health (raspberry juice, california fruit), etc.! your bedudu | ולשנת 1944 אני מאחל לך בריאות (מיץ פטל, פרות קליפורניה) וכו'! בדודו שלך

A PŘEJI TI PRO 1944

ZDRAVÍČKO, MALI. ŠŤÁVA KALIF. OVOCE ATD!

TVŮJ Bedřich

this book is the first in a long line of books that I intend to draw for you! | זהו הספר הראשון בשורה ארוכה של ספרים שאני מתכוון לצייר לך!

TATO KNIHA JEST **PRVNÍ** V DLOUHÉ ŘADĚ KNIH, KTERÉ MÁM V ÚMYSLU TI NAMALOVAT!

עריכה לשונית: עדינה דרכסלר
הפקת דפוס: אבי רותם, ניוטון הפקות

מסת"ב 965-308-073-3

© יד ושם – רשות הזיכרון לשואה ולגבורה 1999

Tomičkovi
Bedřich Fritta

Hebrew Language Editor: Adina Drechsler
English Language Editor: Leah Aharonov

Production: Avi Rotem, Newton Print Productions

ISBN: 965-308-073-3

© Yad Vashem, the Holocaust Martyrs' and Heroes' Remembrance Authority 1999